AF268157

POLITIQUE AU VILLAGE

LA

POLITIQUE

 AU VILLAGE

———

Pierre. — Faites excuse, M. le Maire, si je viens vous déranger pendant que vous prenez votre café, mais je voudrais bien avoir avec vous une petite conversation à l'occasion des Élections. — J'ai là un tas de papiers que j'ai trouvés sous ma porte, et je ne comprends rien à tout ce qu'ils racontent.

Le Maire. — Mon pauvre Pierre, tu sais que je ne suis pas très-instruit moi-même, et, peut-être, t'adresses-tu mal en venant me consulter. Enfin, nous pouvons toujours causer ; prends un petit verre avec moi, cela va nous délier la langue à tous les deux.

Pierre. — Oh ! je sais bien, M. le Maire, que vous en savez long, et tout le monde dans la commune aime à suivre vos conseils.

Voilà longtemps que vous êtes notre Maire ; vous êtes né dans le pays ; votre père et le mien cultivaient leurs champs ensemble, et il est bien certain que, mieux que personne, vous connaissez nos intérêts.

Le Maire. — Il est vrai, mon ami, que mes intérêts personnels sont les mêmes que les vôtres.

Si tu n'as à me parler que de ces sortes de choses, j'attends les questions que tu as à me faire.

Pierre. — Eh bien ! tenez, je ne me suis jamais abonné à un journal, pour deux raisons :

La 1re, c'est qu'il y en a tant, que le choix est difficile pour un paysan comme moi ;

La 2e, c'est que j'aime mieux, quand j'ai quelques écus devant moi, acheter du bétail, ou un coin de pré, plutôt que de me faire du mauvais sang.

Le Maire. — Peut-être as-tu tort de raisonner ainsi, car il est bon de savoir par les journaux ce qui se dit et se passe dans notre pays, et j'aurais pu te guider dans le choix d'un bon journal.

Pierre. — C'est vrai; mais, voyez-vous, il m'en est tombé un sous la main, un jour au cabaret, dans lequel on disait que nous autres, populations des campagnes, nous sommes borgnes ou aveugles, et qu'il faut encore une fois changer le gouvernement; j'ai pensé alors que ces Messieurs de la ville qui font les journaux ne connaissaient pas la campagne et que toutes leurs affaires ne me regardaient pas.

Le Maire. — Tu es tombé sur un mauvais journal, mais il y en a qui tiennent un autre langage, et que tu comprendrais, si tu les lisais.

Pierre. — En voilà plusieurs qui m'arrivent je ne sais d'où, et encore tous ces petits papiers dans lesquels on me dit qu'il ne faut pas voter pour les députés recommandés par le gouvernement.

Dites-moi donc pourquoi on m'envoie tout cela ? — J'ai crié *Vive l'Empereur!* avant tout le monde; je l'aime et ne veux pas qu'il s'en aille.

Le Maire. — Tu n'ignores pas, Pierre, qu'il existe en France des hommes qui, sous les anciens gouvernements, avaient des places, et ne peuvent pardonner à l'Empereur de s'appuyer sur le vrai peuple : on les appelle Orléanistes ou Légitimistes; ils voudraient rattraper les places perdues, tant pour eux que pour leurs amis, et cela les gêne un peu de voir que l'Empereur aime mieux s'appuyer sur nous qui l'avons acclamé par *huit millions de suffrages*, que sur ceux qui ont contribué à la perte de leur propre gouvernement.

Pierre. — J'avais bien entendu raconter tout cela, mais est-il donc vrai que ce que vous appelez les Orléanistes et les Légitimistes existent encore, et qu'ils travaillent à renverser l'Empereur.

Le Maire. — Oui, ils existent; mais ils n'osent pas toujours avouer trop haut leurs projets : cependant on n'a pas de peine à les découvrir quand on les voit faire cause commune avec les Républicains.

Pierre. — Dites-moi donc, puisque nous en sommes aux Orléanistes, sur quoi et sur qui s'appuyait le gouvernement avant la révolution de 1848.

Le Maire. — En deux mots, je vais te le dire : — tu sais qu'avant 1848 ton oncle Jean était électeur et que ton père ne l'était pas. Ton oncle payait 200 fr. d'impôt, et c'est pour cela seulement que seul, dans notre commune, il avait le droit de voter.

Nous avons souvent bien ri en voyant M. X., ordinairement si fier, venir lui demander sa voix, en l'invitant à dîner avec une foule de beau monde.

M. X.. devint notre député.

Ils étaient comme cela quelques centaines à la Chambre, nommés par un très-petit nombre d'électeurs dont il était plus ou moins facile d'obtenir les voix à force de promesses.

Une fois nommé, M. X.. ne s'occupa plus de nous, mais il fit caser une douzaine de ses neveux et cousins dans différents postes administratifs de notre arrondissement, et ne répondit jamais aux demandes de quiconque n'était pas électeur.

Il passait son temps à Paris à faire et défaire des ministres, selon qu'il avait besoin de telle ou telle personne dans l'intérêt de ses entreprises particulières ; puis, un beau jour, il y eut une émeute sérieuse ; il eût peur, abandonna le Roi et les Ministres, et revint dans notre canton crier : *Vive la République* ! pour ne pas perdre l'habitude de crier vive quelque chose !

Voilà les hommes sur lesquels s'appuyait le gouvernement d'alors ; mais je serais bien embarrassé de te dire si, en dehors des hommes, il s'appuyait sur quelque chose.

On t'envoie des journaux qui sont faits par les amis de M. X., et d'autres qui sont rédigés par des hommes plus dangereux encore : — par ceux qui, en 1848, ont voulu établir la République.

Tous ces journaux veulent te prouver à leur profit que tu dois voter pour les amis de M. X., ou pour les Républicains, parce que, disent-ils, l'Empereur ne te donne pas assez de liberté, et que, sous son gouvernement, tu es le plus malheureux des hommes.

Pierre. — Je comprends bien qu'il y a quelque chose comme cela, mais pourquoi donc les Républicains et les Orléanistes chantent-ils la même chanson ?

Il me semble qu'ils ne peuvent pas s'aimer, et je crois bien qu'ils cherchent à se tromper mutuellement ; à moins qu'il n'y ait du vrai dans ce qu'ils disent, puisque tous disent la même chose contre l'Empereur. Leur mauvaise foi est-elle donc si grande que vous le supposez ?

Le Maire. — Ils jouent, mon ami, un jeu bien simple : — ils combattent ensemble pour renverser, et, si leurs projets réussissaient, ils se battraient ensuite entr'eux avec acharnement pour savoir lequel des deux aurait le pouvoir, et nous retomberions dans l'anarchie.

Pierre. — Quest-ce que c'est que l'anarchie ?

Le Maire. — L'anarchie, c'est la propriété violée, Dieu et la famille reniés ; c'est, en un mot, la société livrée aux brutalités d'une masse ignorante et avide, poussée par quelques lâches ambitieux. — Si nous retombions dans cet abîme, cela ne durerait certes pas longtemps, mais des malheurs incalculables auraient lieu, et qu'adviendrait-il ensuite ?

Pierre. — Pourquoi nous dit-on qu'avec un autre gouvernement nous serions plus heureux, que nous payerions moins d'impôts ?

Avouez, M. le Maire, que cela me donne à réfléchir. Il y a vingt ans, je payais 70 fr. d'impôts ; — pourquoi l'Empereur m'en fait-il payer 106 aujourd'hui.

Le Maire. — D'abord, ce n'est pas l'Empereur qui te fait payer l'impôt. Les 70 fr. que tu payais, il y a 20 ans, pour ta terre, ta côte mobilière et personnelle, tes portes et fenêtres, tu les devais en partie à l'Etat pour 55 fr., puis pour 15 fr. au département, parceque le département avait voté quelques centimes additionnels pour des travaux urgents et des améliorations de toute nature que nous avions nous-même demandés.

Pierre. — Bien, mais comment se fait-il que je paye 56 fr. de plus aujourd'hui, et que mes propriétés soient toujours à peu près les mêmes.

Le Maire. — Tu oublies que, depuis 20 ans, on a fait dans notre département cinq routes départementales nouvelles, dix chemins de grande communication, 17 chemins d'intérêt commun ; — qu'on a creusé le canal qui longe le territoire de notre commune ; — qu'on a fait un chemin de fer d'intérêt départemental ; pourvu plus largement aux services de l'instruction primaire, des aliénés, des enfants assistés, etc., etc.

Pour tout cela, il a fallu que le département trouvât de l'argent.

Pierre. — Mais pourquoi ne l'a-t-il pas demandé à l'Etat ?

Le Maire. — C'est que l'Etat a des dépenses considérables qui profitent à toute la France, et les départements doivent supporter une grande partie des dépenses qui leur profitent plus directement et que l'Etat ne saurait supporter en entier.

C'est pour ce motif que les Conseillers généraux , élus par nos cantons, votent librement , depuis 20 ans , un certain nombre de centimes en plus de ceux qu'ils votaient déjà et qui augmentent ta contribution en la portant de 70 à 77 fr. .

Pierre. — Ce n'est pas trop effectivement de payer 7 fr. de plus par an, pour profiter des nombreuses améliorations qui ont été faites dans notre département.

Vous dites donc que ce n'est pas l'Empereur qui me fait payer ces 7 fr. de plus ?

Le Maire. — Non, je le répète , c'est notre Conseiller général avec ses collègues , auxquels nous demandons chaque année de voter des fonds pour obtenir les améliorations que tu connais.

Or, ces sommes se traduisent par des centimes départementaux qui portent sur le montant des quatre contributions, en général, que tu dois à l'Etat , c'est-à-dire qui augmentent ton impôt d'un nombre déterminé de centimes par chaque franc, et qui l'augmentent en ce moment de 7 fr. en plus, depuis 20 ans, pour le département seulement.

Pierre. — Eh bien, Oui, mais nous sommes loin de compte , puisqu'il y a encore une différence de 29 fr. entre les 77 fr. que je reconnais payer justement , et les 106 que je paye effectivement.

Le Maire. — Tu sais bien, Pierre, que nous avons cinq chemins vicinaux ordinaires, dont un passe devant ta porte , et qui sont loin d'être terminés. Tu as souvent demandé toi-même leur prompt achèvement. — Tu te souviens que notre église a brûlé , il y a 4 ans, et toi, tout le premier, tu as voulu, avec raison, qu'on la reconstruisit plus grande et plus belle.

Nous nous sommes imposés nous-mêmes 2900 fr. par an, pour ces dépenses, et pour une certaine quantité d'autres d'une incontestable nécessité. Tu paies donc 29 fr. en plus, qui représentent un certain nombre de centimes, uniquement pour notre seule commune.

Cette somme a été votée par nous même en toute liberté.

Qu'aurions nous dit, si le gouvernement n'avait pas approuvé nos vôtes et avait ainsi entravé les progrès que nous désirons voir s'accomplir dans notre commune ?

A propos de certaines augmentations d'impôt, je vais te citer un fait : — l'autre jour le percepteur est venu faire sa tournée, et il demandait à Gustave, le galocher, 17 fr. pour ses patentes. — Gustave s'est fâché, prétendant que l'on avait augmenté sa patente de 5 fr., ce qui était vrai et juste ; mais la vieille Marthe a dit, en passant, au percepteur : « Faites donc pas attention à ses criaille « ries ; est-ce qu'il n'a pas augmenté ses galoches, lui ? »

Pierre. — Puisque vous me parlez de patentes, je voudrais bien savoir pourquoi elles varient chaque année et tendent à augmenter ainsi que le prétend Barthélemy, l'épicier.

Le Maire. — La patente se compose de deux parties : — un droit fixe perçu d'après la loi des finances, selon la catégorie dans laquelle est classée l'industrie, et un droit proportionnel établi d'après la valeur locative de l'emplacement affecté à cette industrie. — C'est surtout cette deuxième partie qui est cause des variations que tu me cites. — Du reste, aucun gouvernement n'a jamais songé à diminuer le chiffre des patentes, parceque cet impôt est un des plus équitables.

Cela te prouve la manière dont on comprend en général la théorie de l'impôt, et combien il est facile d'égarer les personnes qui ne veulent pas réfléchir et se rendre compte par elles-mêmes.

Pierre. — Il y a du vrai dans ce que vous dites, M. le Maire, mais je n'en pense pas moins que l'Etat devrait supporter une grande partie de nos dépenses puisque le produit de l'impôt a énormément augmenté.

Si autrefois l'Etat, avec un revenu moindre, pouvait suffire à une quantité de besoins, pourquoi ne peut-il pas aujourd'hui payer en grande partie les dépenses départementales et communales, ou bien pourquoi ne réduit-il pas l'impôt ?

Le Maire. — Il y a 50 ans, mon ami, les besoins étaient moins grands; les chemins de fer n'existaient pas ; le commerce et l'industrie étaient loin d'avoir le développement qu'ils ont aujourd'hui; il y avait moins de bien-être : on produisait moins et surtout on consommait moins. On était moins exigeant ; on vivait plus chez soi; en un mot, on n'éprouvait pas le besoin des perfectionnements de toute nature qui sont devenus aujourd'hui une question de vie ou de mort chez les nations civilisées.

Pierre. — Bon, mais d'où provient cette augmentation dans les revenus de l'Etat ? — Nous lui payons, dites-vous, toujours le même impôt, et je ne comprends pas cela.

Le Maire. — Si tu réfléchissais un peu, tu pourrais te faire toi-même la réponse.

Il y a deux sortes d'impôts : les contributions directes et les contributions indirectes.

Les contributions directes ce sont les 106 fr. que tu paies, dont 55 fr. pour l'Etat seul. — Cette part de l'Etat doit nécessairement s'accroître.

La base de perception de cet impôt est toujours la même et ta côte-part à toi ne doit pas varier si tu restes toujours dans les mêmes conditions ; — mais le produit général augmente.

Tu sais bien que le nombre de propriétés bâties va en croissant avec le chiffre de la population, et le produit des patentes est bien supérieur à ce qu'il était il y a cinquante ans, à raison du nombre de patentables et de la prospérité du commerce et de l'industrie. — Tu vois donc bien que si, toi, tu payes et ne payeras toujours à l'Etat que 55 fr. d'impôt, il n'en est pas moins vrai que le nombre des contribuables doit forcément grossir.

C'est là une circonstance très-heureuse, mais on se plaît souvent à vouloir dénaturer les causes de cet état de choses.

Les contributions indirectes ont donné depuis une certaine période des produits très-considérables; mais qu'est-ce que cela prouve, si ce n'est que les transactions, les contrats, etc..., sont plus nombreux, et qu'on a plus d'argent à dépenser pour des choses qui ne sont pas toujours d'absolue nécessité.

En un mot, l'augmentation du produit des contributions indirectes prouve l'activité et la richesse du pays.

Qui donc te force en définitive à fumer pour 30 fr. de tabac par an, à prendre un permis de chasse de 25 fr. et à aller au cabaret, quand tu as d'excellent vin de ta récolte ?

Pierre. — Du moment que cette augmentation dans le produit des impôts est réelle, donnez-moi donc quelques détails sur les dépenses si fortes que l'Etat est obligé de faire.

Pourquoi, par exemple, entretient-il une armée de 1,200,000 hommes, quand, autrefois, on trouvait que 500,000, c'était déjà beaucoup.

Le Maire. — Je t'ai entendu dire, il y a 2 ans, que tu avais peine à comprendre comment on laissait la Prusse dévorer, en un clin d'œil, une partie des Etats de l'Allemagne, et s'agrandir outre mesure, ce qui te faisait ajouter qu'un jour ou l'autre, sous un prétexte quelconque, elle pourrait bien venir nous attaquer aussi.

Pierre. — Ah mais! qu'elle n'y vienne pas. Nous ne voulons pas devenir Prussiens ?

Le Maire. — Non, certes; mais elle dispose, elle, d'environ 900,000 hommes qui n'ont qu'un pas à faire pour franchir la frontière. Est-ce avec 500,000 hommes seulement que nous pourrions lui résister, si, comme c'est probable, elle nous suscitait encore d'autres ennemis.

Les peuples, vois-tu, Pierre, ont toujours cherché à grandir en influence et à augmenter leur territoire, pour être, autant que possible, maîtres des évènements qui peuvent se produire.

L'Empereur, lui, l'a déclaré bien souvent, trouve la France assez grande en territoire, mais la veut plus grande que toutes les autres nations en influence.

Il veut pouvoir la défendre contre toutes les tentatives de l'étranger ; il ne veut pas qu'on la mine en entravant le développement de son commerce et de son industrie; il veut surtout qu'on respecte les traités au bas desquels se trouve sa signature, et, pour cela, il a demandé et obtenu une armée forte et instruite, capable de faire réfléchir ceux qui seraient tentés de nous attaquer dans nos intérêts comme dans notre honneur.

Pierre. — Ah ! M. le Maire, je crois bien que vous avez lu les beaux discours qui, dit-on, se prononcent à Paris, et que vous avez retenu par cœur ce que vous répétez-là. Mais, tant pis, cela doit-être vrai, et ça me fait plaisir de penser qu'au besoin nous pourrions donner encore une bonne danse à ceux qui ne peuvent pas rester tranquillement chez eux sans toujours avoir l'air de nous menacer.

Le Maire. — Mais ce n'est pas tout, Pierre, que l'armée de terre, il y a la flotte à entretenir, et les vaisseaux à construire, le commerce international à protéger.

Tu penses bien qu'il nous faut lutter avec la première puissance maritime de l'Europe, avec l'Angleterre.

Sans vaisseaux, nous serions vite réduits à devenir les humbles serviteurs des nations maritimes qui sont les plus commer-çantes.

Nos ports de commerce ne doivent pas être à la merci des flottes ennemies. Il faut pouvoir les défendre et pouvoir transporter des troupes dans nos colonies pour les conserver et même les agrandir dans l'intérêt de notre commerce maritime.

PIERRE. — Pourquoi dit-on alors que notre armée est trop nombreuse; que la marine coûte trop cher ; que la nouvelle loi sur l'armée est un impôt nouveau et lourd ?

Il est bien vrai qu'on sert aujourd'hui 9 ans au lieu de 7.

Croyez-vous qu'on n'aurait pas pu maintenir l'ancien état de choses ?

Qui est-ce qui aurait empêché, en cas de guerre , de faire une levée d'hommes extraordinaire ?

Et puis, qu'est-ce que c'est que cette garde mobile?

LE MAIRE. — L'armée n'est que de 800,000 hommes et non de 1,200,000; elle est nombreuse c'est vrai , tu as compris tout-à-l'heure qu'elle devait l'être. Mais elle crée une charge évidemment moins lourde que sous l'empire de l'ancienne loi.

On ne servait que 7 ans autrefois, mais ces 7 années étaient dues au service actif; aujourd'hui , le service actif ne comprend que 5 ans, et encore, les soldats sont-ils renvoyés, par anticipation, dans la 4e année, comme on les renvoyait autrefois dans la 6e.

Après les 5 années de service effectif aujourd'hui, ils restent pendant 4 ans dans la réserve qui ne peut-être appelée qu'en cas d'évènements graves.

La guerre, c'est l'exception; et avec les moyens que l'on emploie actuellement, elle ne peut durer longtemps.

En temps de paix, le service n'est que de 5 années, ou , pour mieux dire, de 4.

Demande à Jean, qui a tiré au sort au mois de février, s'il n'aime pas mieux partir pour 4 ans, et revenir dans sa famille au bout de ce temps, quitte à rester inscrit sur les contrôles de la réserve pendant la période déterminée.

PIERRE. — Il n'en restera pas moins soldat pendant 9 ans , et pourra être rappelé d'un moment à l'autre.

LE MAIRE. — Soit, mais comme je te l'ai dit, en cas de guerre seulement, et dans ce cas-là, hésiterais-tu, toi, à prendre un fusil pour défendre ton champ.

PIERRE. — Oh ! non certes.

LE MAIRE. — Eh bien, pourquoi ne veux-tu pas que ceux qui

ont déjà fait 4 ou 5 ans ans de garnison , qui sont habitués aux fatigues du service, et qui connaissent le maniement des armes perfectionnées , soient les premiers sur lesquels nous devons compter pour soutenir notre honneur et nos intérê's ?

On ne leur demande que ce que tout citoyen doit à son pays et à sa famille, et on le leur demande dans des conditions qui sont moins pénibles pour la population, parceque, déjà aguerris, ils sauront mieux se défendre.

Puis, encore une fois , leur rappel sous les drapeaux ne peut être qu'une rare exception.

Pierre. — Et la garde mobile ?

Le Maire. — La garde mobile, comme tu le sais, est composée des jeunes gens libérés par leur numéro, et de tous les jeunes gens exemptés pour d'autres causes que pour infirmités.

C'est le contingent fourni par cette garde mobile qui te fait dire que l'armée est de 1,200,000 hommes.

Cette force ne peut être appelée , pour la défense du territoire, que dans des cas déterminés par la loi et, et elle permet de rendre libre les mouvements de l'armée proprement dite.

En temps ordinaire, ce n'est pas une charge: il s'agit simplement d'exercices peu fréquents , et qui seront plutôt un amusement et un passe-temps qu'une gêne.

Tu as bien vu que tout le monde en voulait faire partie , et que ceux qui ont demandé à la révision à se faire exempter ont été bafoués par leurs camarades.

En temps de guerre, elle complètera les 1,200,000 hommes contre lesquels on crie tant, et maintenant qu'on sait que cette force imposante peut être mise promptement sur pied , on hésitera à nous chercher noise.

Tiens , un exemple : tu connais le grand Baptiste qui sort des carabiniers ; il est fort comme un Turc, il tape dur quand on le taquine; mais c'est un bon garçon qui aime toujours à rendre service ; tu sais bien que quand il y a une bataille dans le cabaret du petit Gérôme , on va vite le chercher pour mettre les tapageurs à la raison ; sitôt qu'il paraît, tout rentre dans l'ordre, on n'ose pas s'attaquer à lui, parce qu'il est de force à brosser vertement dix de ses semblables , et on le prend souvent pour arbitre dans beaucoup de querelles , parce que sa force même lui impose l'obligation d'être conciliant.

Eh bien, mon cher Pierre, passe-moi cette comparaison : Baptiste joue dans certains cas le rôle que doit jouer la France en Europe; tant qu'elle sera forte et bien armée, on ne l'attaquera pas; tant qu'elle sera gouvernée par l'Empereur qui veut la paix, partout on prendra ses conseils.

Pierre. — J'avoue que je n'avais jamais réfléchi à tout cela, et je commence à croire que l'Empereur n'a pas tout-à-fait tort ; cependant, on dit que s'il veut une grande armée, c'est pour pouvoir faire la guerre à sa guise, et pour donner de l'avancement aux officiers; que cela ruine le pays, et amène des résultats malheureux comme ceux de la campagne du Mexique.

Le Maire. — Je ne te dirai qu'un mot du Mexique; tous ceux qui attaquent cette campagne comprennent parfaitement le but élevé dans lequel elle a dû être entreprise, mais ils se gardent bien de le reconnaitre parce qu'ils ont besoin de jeter l'inquiétude dans les esprits.

Si nous avions pu fonder l'Empire Mexicain, il n'y aurait jamais eu assez d'éloges pour l'Empereur, sois en certain.

Nous avons échoué, par suite de circonstances impossibles à prévoir, il n'y a pas de sottises qu'on ne débite, et de reproches qu'on n'adresse à l'Empereur.

L'idée de cette campagne était grande ; le succès n'a pas répondu aux vues du gouvernement ; ce n'est pas sa faute.

Passons là-dessus, et déplorons l'insuccès, mais non l'idée de transporter au-delà des mers l'influence de la civilisation européenne par la France.

Beaucoup de sang a été versé, beaucoup d'argent dépensé, mais quand tu sèmes ton champ en automne, es-tu toujours bien certain d'avoir une belle récolte en août ?

Pierre. — Alors, selon vous, ils mentent, tous ceux qui accusent l'Empereur de faire la guerre uniquement pour créer des généraux et des maréchaux.

Le Maire. — Oui, ils mentent, et sont d'autant plus coupables qu'ils font preuve de bien peu de patriotisme en attaquant notre gouvernement plus violemment que ne l'attaquent les étrangers eux-mêmes, alors que l'Empereur cherche à faire dominer nos intérêts sociaux et commerciaux dans toutes les parties du monde.

Pierre. — Bon, je retiendrai cela et c'est bien vrai; chez nous, il y à des individus qui blâment toujours. On dirait à les entendre que cela leur fait honte d'être français.

Ce mylord anglais, qui a passé un mois ici l'année dernière, se mettait dans des colères bleues quand on le plaisantait sur son pays et sur son gouvernement ; pourtant il se disait journaliste de l'opposition.

Est-ce que les Anglais, M. le Maire, trouvent toujours tout bien chez eux ?

Le Maire. — Non, pas toujours, certes ; mais, au moins, ils savent discuter et provoquer les améliorations, sans se croire obligés de renverser leur reine.

Pierre. — Avec tout cela, je ne sais toujours pas quelles sont les autres dépenses si fortes et si utiles que l'Etat peut avoir à faire.

Le Maire. — Il y a des dépenses nécessitées par les grands travaux publics, telles que subventions pour les constructions des chemins de fer, les ponts, les grandes routes, l'endiguement des fleuves, les ports, la conservation des forêts, l'entretien et la construction des édiffces publics d'une utilité incontestable, le traitement de la magistrature, de tous les fonctionnaires en général, qui sont chargés de veiller à l'application des lois nombreuses qui nous régissent, le développement de l'instruction primaire et secondaire, une foule de dépenses enfin qu'il est impossible de réduire parceque nous demandons nous-mêmes chaque jour de nouveaux travaux et de nouveaux progrès.

Pierre. — Pourquoi dit-on alors que l'Etat pourrait faire des économies, et que nous souffrons de ses grosses dépenses.

Le Maire. — C'est parce qu'on sait, Pierre, que toi, habitant de la campagne, tu vis sobrement, et que tu es forcé d'y regarder de près.

On veut t'éblouir par de gros chiffres, et on te dit que, vivant avec 7 ou 800 fr. par an, tu dois t'indigner de voir quelques fonctionnaires toucher des traitements de 100,000 fr. et plus.

Pierre. — Ah mais ! cela m'indigne aussi, et pour le coup, on a raison, car, avec 100,000 fr. par an, il y a de quoi nourrir et entretenir toute la commune.

Le Maire. — Je ne le conteste pas, mais calcule que les quelques personnages qui touchent ces gros traitements les dépensent et au-delà. Où va cet argent ? Dans la poche des fabricants de toutes sortes , qui , probablement , ne trouveraient pas à vendre leurs produits s'il n'y avait pas de personnes assez riches pour les acheter.

PIERRE. — Eh bien, on fabriquerait moins d'objets de luxe, et le monde n'en irait pas plus mal.

LE MAIRE. — Tu raisonnes à ton point de vue, mais tu n'empêcheras pas l'existence de très grandes fortunes en dehors des hauts fonctionnaires qui ont de gros traitements.

Tu sais bien que M. X., notre ancien député, avait 600,000 fr. de rente ; s'il n'avait pas trouvé des fabricants français pouvant lui livrer certains objets de luxe comme tu les appeles, et que lui considérait comme de première nécessité ; il les aurait vite trouvés à l'étranger, et les capitaux ne seraient pas restés en France comme cela se passait sous la République.

Est-il convenable , et possible même, que, dans un pays comme la France, les hauts fonctionnaires , les dignitaires de l'Empire et les grands propriétaires vivent avec parcimonie? Ils doivent encourager les arts, l'industrie et le commerce, et ne le peuvent qu'en dépensant beaucoup.

Il y a une armée d'ouvriers ne travaillant forcément que pour le luxe qui est leur gagne-pain, veux-tu le leur enlever ?

Si on empêchait les grandes dames de porter des robes de velours, que deviendraient nos ouvriers veloutiers? tu en as deux dans ta famille...

PIERRE. — Ils cultiveraient la terre, et vivraient aussi bien. D'ailleurs les bras manquent à l'agriculture.

LE MAIRE. — Si les bras manquent, on a trouvé le moyen d'y remédier par des machines perfectionnées , et en définitive , le nombre des hectares cultivés en France a augmenté de plus de moitié depuis le commencement du siècle, et la propriété territoriale a bien plus que doublé de valeur.

Je profite de cette observation pour te faire remarquer que l'impôt foncier étant resté le même, la propriété rurale paye en fait beaucoup moins d'impôt qu'autrefois.

S'il faut encourager l'agriculture, ne décourageons pas l'industrie; toutes deux nous font vivre. Mais j'en reviens aux gros traitements: Ne crois-tu pas qu'il est convenable que les hauts fonctionnaires fassent honneur au nom français quand l'Europe entière envoie ses plus riches familles habiter plus ou moins longtemps parmi nous.

Quand tu as un ami à ta table, ne lui donnes-tu pas ce que tu as de meilleur ?

Les fonctionnaires à gros traitements sont forcés d'agir de même vis-à-vis des possesseurs de grandes fortunes et des étrangers.

Si personnellement ils n'ont rien, n'est-il pas juste qu'on leur fournisse les moyens de porter dignement leurs hautes fonctions.

Sais-tu bien au prix de quels travaux et de quelles luttes ces hommes ont conquis leurs positions élevées et ne vois-tu pas chaque jour les services qu'ils te rendent ?

Crois-moi, mon ami, cet argent n'est pas si mal placé qu'on veut bien le dire ; s'il entre dans leur poche le matin, il en ressort le soir en bienfaits de toute nature, en encouragements et en pain pour l'ouvrier.

Pierre. — Mais la République ne payait pas si cher ses fonctionnaires et elle en trouvait tout de même.

Le Maire. — La République ne payait peut-être pas de si gros traitements, c'est vrai ; mais, en revanche, à cette époque, l'argent ne circulait pas, il se cachait ; la méfiance était générale. Tout commerce, toute industrie et même l'agriculture étaient en souffrance, la main d'œuvre à vil prix , et la misère partout.

C'est là le résultat le plus clair des économies républicaines.

Pierre. — Elle n'était donc pas riche la République puisqu'elle a imposé 45 c. par franc à tous les habitants ?

Est ce qu'elle a voulu aussi entreprendre de grands travaux d'utilité générale ?

Le Maire. — Ces 45 cent. ont été votés en 1848 — Le gouvernement provisoire prétendait que les caisses de l'Etat étaient vides par suite de la mauvaise administration du gouvernement renversé.

Les Républicains étaient loin, à cette époque , de faire chorus avec les Orléanistes, comme tu vois que cela se passe aujourd'hui.

Pierre. — Et qu'ont-ils fait du produit de ces 45 c. ?

Le Maire. — Ne sachant plus où donner de la tête, ils avaient créé le droit au travail, c'est-à-dire déclaré , par le fait, que tout homme avait le droit d'exiger un travail quelconque et de recevoir un salaire. Or, comme le travail ne marchait pas, ils créèrent des ateliers nationaux composés, à Paris seulement, de plus de 100,000 hommes. Les particuliers inquiets avaient retiré leurs capitaux, et le gouvernement se vit forcé de payer aux ouvriers des ateliers nationaux près de 500,000 fr. par jour.

Tu le sais bien, puisque Hyppolite, ton voisin, en faisait partie. Ne t'a-t-il pas conté en détail ce que c'était que cette armée organisée pour l'émeute et contre laquelle nous avons soutenu la terrible bataille des journées de juin ?

Hyppolite a pu s'en tirer à temps; il est revenu au pays, et, un des premiers, est reparti pour combattre, avec la garde nationale et l'armée, contre ces mêmes ateliers nationaux qui, en 2 mois, ont dévoré plusieurs centaines de millions, produit des 45 c. que nous autres cultivateurs avons payés.

Pierre. — Je suis bien aise que vous me rappeliez tout cela, et franchement, si c'était à recommencer, je sais bien que, pour mon compte, j'enverrais promener la République et les Républicains; mais, dites-moi donc, M. le Maire, sous le gouvernement des Orléanistes, ne payait-on pas moins d'impôts ; n'avait-on pas plus de liberté.

Le Maire. — On payait peut-être un peu moins d'impot, en général, mais aussi on ne faisait pas grand chose et nous nous en plaignions.

Je ne puis aujourd'hui t'énumérer tout ce qui a été entrepris et mené à bonne fin depuis cette époque; mais il vient de paraître un livre intitulé : *Progrès de la France sous le gouvernement impérial,* d'après les documents officiels: nous lirons cela ensemble ces jours-ci et nous y trouverons de quoi nous instruire.

Le pays, sous les gouvernements qui ont précédé le second Empire, n'était jamais satisfait; tous les deux ou trois ans, il y avait des émeutes sanglantes. Etait-ce la conséquence de trop grandes libertés, ou seulement l'indice d'un malaise général ? Je ne sais.

Pierre. — Je vois bien, M. le Maire, que j'ai eu raison de venir vous consulter; car, voyez-vous, nous sommes plusieurs à qui on vient toujours parler contre le gouvernement et je voulais savoir quoi répondre.

Je sais bien qu'il y a chaque jour de nouvelles inventions, mais ce que vous m'avez dit me prouve qu'on se moque un peu de nous. Je commence à croire qu'il y a des ambitieux qui voudraient me faire servir leurs idées que je ne partage pas.

J'aime mieux ce que nous avons; je suis tranquille, j'aime

l'Empereur parce qu'il aime le peuple, et si nous l'avons mis sur le trône, malgré leurs Républicains, leurs Orléanistes et autres, ce n'est pas pour que nous le laissions renverser.

Je ne veux pas que nous retournions en arrière.

Le Maire. — Oui, Pierre, marchons en avant, maintenons l'ordre qui donne la sécurité. La sécurité nous donnera la Liberté, l'Empereur l'a promise, il tiendra sa parole. Quand le jour du vote arrivera, vas avec confiance au scrutin et agis selon les conseils de ta conscience.

Vienne, impr. et lith. Savigné. — 1869.